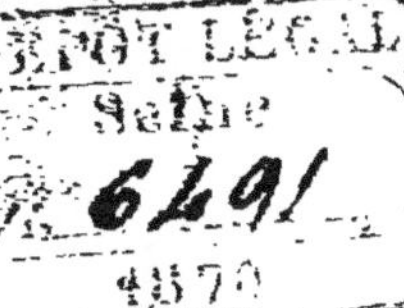

GUERRES

DE

FRANCE ET D'ALLEMAGNE

DEPUIS

Attila jusqu'à nos Jours

PAR

Mlle BAILLY

PARIS

IMPRIMERIE A.-E. ROCHETTE

90, Boulevard Montparnasse, 90,

—

1870

GUERRES

DE

FRANCE ET D'ALLEMAGNE

DEPUIS

Attila jusqu'à nos Jours

PAR

MLLE BAILLY

> Il faut faire co naître à toute la terre qu'il y a un Dieu qui prend soin d'Israël, et que ce n'est point par l'épée et par la lance que le Seigneur donne la victoire dans les combats ; mais qu'elle vient de lui seul.
>
> (I. *Rois*, ch XVII, v. 46, 47.)

Le principe fondamental de la religion chrétienne est celui-ci : que rien n'arrive en ce monde sans l'ordre ou la permission de Dieu ; et que, pour la défense des nations aussi bien que pour leur prospérité, rien ne se fait que par l'intervention souveraine de ce grand Dieu du ciel et de la terre.

Ceci posé, plusieurs ont cherché à nier ou à mettre en doute cette vérité consolante, et ont prétendu, les uns, qu'un hasard aveugle conduisait toutes choses (ce qui est absurde); les autres, que l'homme était assez intelligent pour se conduire lui-même, et arriver à se défendre contre ses ennemis par les produits de son propre génie.

Si c'est surtout aujourd'hui qu'une erreur aussi grossière est répandue plus que jamais, c'est aussi maintenant que les cœurs chrétiens doivent réagir contre une pareille doctrine, et confondre *les hommes de progrès* en leur prouvant, et par l'histoire, et par la foi, que Dieu est le maître des destinées humaines, de la prospérité des empires et du succès des armes.

Au moment où nous traversons une si douloureuse épreuve, le cœur humain, et surtout le cœur français, a besoin d'un soutien moral qui lui soit procuré, non plus par la mitraille, non plus par des moyens destructeurs, mais par une grâce venue d'en haut, et qui sera la récompense de sa foi : ce soutien c'est la prière.

1° Nous devons prouver, l'histoire à la main, que Dieu est le maître du succès des armes, et qu'il faut le prier dans cet esprit.

En jetant un regard en arrière, nous pourrions parler des preuves frappantes de l'histoire du peuple de Dieu, mais nous ne nous arrêterons ni aux supplications de Moïse, ni à la pénitence de Ninive, ni à la confiance d'Esther, afin que la conscience des incrédules qui vont jusqu'à nier audacieusement l'authenticité des Saints-Livres, ne soit pas souillée par un nouveau crime; cette authenticité, reconnue cependant par les hommes les plus dignes d'estime à cause de leur science, de leur génie et de leur vertu. Nous feuilletterons seulement devant ces hommes, cette histoire profane qu'ils disent impartiale dans ses jugements et véritable dans ses récits. Et puisque ce n'est pas la première fois que notre patrie est obligée de repousser l'invasion allemande, montrons-leur, en un seul coup d'œil, la France aux prises avec cette nation, depuis son invasion dans les Gaules jusqu'à nos jours : ils constateront que lorsque nous avons vaincu, c'est par la prière.

Le christianisme n'avait pas encore pénétré dans le cœur de nos rois qu'une horde de barbares, descendant des plateaux de l'Asie, et entrant par le N.-E. de l'Europe dans la Gaule, menaçaient de ravager tout sur leur passage, d'après la parole de leur chef Attila : « Que l'herbe ne repoussait jamais où son cheval avait passé. »

Les victoires successives commencent à enivrer le roi des Huns, comme aujourd'hui elles enivrent le roi des Prussiens ; il s'avance orgueilleusement. Mais voici que ce barbare féroce, cupide, jaloux, vindicatif, se trouve arrêté dans sa course ! Est-ce par un peuple belliqueusement armé ? Sans doute, il éprouve une sanglante défaite aux environs de Chalons-sur-Marne ; mais qui donc l'empêche d'entrer dans Paris, et à qui est-il redevable de sa défaite ? Est-ce à la fortune aveugle ? Non. C'est à une enfant de Nanterre, nommée Geneviève, qui, après avoir beaucoup prié et beaucoup souffert, eut la consolation de voir les habitants de notre ville échapper à la fureur du fameux conquérant.

Attila se replie alors vers Troyes. Mais Dieu l'attend encore, et, par l'entremise de saint Loup, évêque de cette ville, il permet que la vengeance du guerrier soit désarmée.

transporte-t-il sous les murs de Rome? Saint Léon, Pape, sanctifié par la prière et par la pénitence, s'avance, inspiré de Dieu, vers l'homme non civilisé, lui parle un langage inconnu à son intelligence : celui de la douceur! C'en est fait! L'Italie s'unit à la Gaule pour remercier Dieu d'une victoire si miraculeuse, remportée sur l'ennemi de sa tranquillité.

Plus tard une reine chrétienne vantait devant son époux Clovis, les grandeurs et les consolations de sa religion, et avait obtenu, à force de prières, la permission de faire baptiser ses enfants, en attendant le jour où Dieu, mettant un terme aux peines de son âme, rendrait son mari chrétien.

Attila était mort, mais ses descendants existaient toujours, et le peuple allemand, ne demandant qu'à conquérir, s'avançait vers cette Gaule si puissante. Les armées françaises et allemandes se joignent dans les pleines de Tolbiac. Clovis, si fier, voit ses troupes qui commencent à plier et à rompre, lorsqu'une parole sortie d'un cœur qui lui est cher, lui revient à la mémoire. « Si vous » désirez remporter la victoire, lui avait dit » Clotilde, invoquez le Dieu des chrétiens. » » Dieu de Clotilde, s'écrie-t-il aussitôt, fais- » moi vaincre, et je jure de t'adorer. » Le Dieu des armées n'attendait que sa prière pour l'exaucer : ramenant ses guerriers à la charge, le roi des Francs fond sur l'ennemi, et lui fait éprouver une déroute complète.

La race des Mérovingiens était anéantie, celle de Pépin le Bref avait été sacrée par des mains pontificales. Pour la première fois dans l'histoire (1). La France avait assisté à ce beau spectacle : le sacre d'un roi par un pontife !

Bientôt Pépin eut à combattre les peuples ennemis de l'Eglise. Les premiers furent les Saxons, peuple belliqueusement armé, habitant sur les bords du Weser. Mais Pépin, béni de Dieu, passe le Rhin avec son armée, poursuit les Saxons jusque dans leurs retranchements, et remporte sur eux une brillante victoire, grâce à l'intention qui l'animait, et qu'il manifesta aussitôt après : celle de faire promettre à ces peuples païens la liberté de prédication pour les missionnaires.

Son fils, Charles le Grand, fera le reste sous l'inspiration de Dieu. Il mettra trente-deux ans avant de soumettre cette nation » souvent vaincue, mais, comme on l'a dit, » toujours indomptable ; race antipathique

» à la race franque, depuis que les Francs se
» sont faits Romains. » Il y parviendra cependant par la persévérance et la prière, et
surtout en imposant comme condition de la
paix, la réception du baptême. Nous verrons
ce peuple farouche assemblé à Worms, con-
voqué à Paderborn (777), et jurer de se faire
chrétien. Mais, disent les chroniques, ce n'é-
tait pas le désir d'être chrétiens qui les fai-
sait agir, mais le sentiment de la crainte.
Eh bien! soit. Mais la conversion sincère de
Witikind et d'Albion, son frère, dans la
résidence d'Attigny mettra seule un terme à
cette guerre glorieuse pour Charlemagne.
Et si les Saxons tentaient de remuer de
nouveau, la diète de Saltz (803), dans la-
quelle ils jurent de rester fidèles au christianisme, viendra consoler l'espérance des
catholiques fidèles.

Voilà déjà plus qu'il n'en faut pour attes-
ter la puissance de la prière sur le sort des
armes ; mais poursuivons jusqu'au bout.

Le moyen âge va naître, un grand chan-
gement va s'opérer. Depuis longtemps déjà
l'empire de Charlemagne n'est plus ; la féo-
dalité est consacrée sur tous les points de la
France; les arts, les sciences, rapportés
d'Orient, à la suite des premières croisades,
 ommencent à poindre dans le ciel de l'Eu-

rope ; l'Angleterre est conquise ; l'affranchissement des communes vient même d'avoir lieu ; la cause éloignée de la guerre de cent ans existe ; et malgré tout ce bouleversement, et, malgré quatre siècles écoulés, le sentiment de la prière est resté dans l'âme des Français comme un moyen de défense nationale.

Jean-sans-Terre n'est plus, mais les ennemis qu'il nous a suscités sont debout, et, l'empereur d'Allemagne à leur tête, ils s'avancent audacieusement, cherchant à vaincre l'armée de Philippe-Auguste bien inférieure en nombre. Bouvines est alors témoin d'un grand spectacle : 55,000 soldats francais en face de 160,000 combattants, commandés par Othon IV, et qui, malgré la supériorité de l'ennemi sont vainqueurs ! Est-ce seulement à leur bravoure qu'il faut attribuer cette victoire si célèbre dans l'histoire ? Non. La bravoure toute seule n'aurait pas suffi. Un sentiment animait leur courage, c'était celui de leur roi Philippe : rappelons-nous l'acte généreux qu'il accomplit avant la bataille, et qui lui valut un si brillant succès : Plein de résignation à la très-sainte volonté de Dieu, il avait déposé sa couronne sur l'autel ou l'immolation du Calvaire se renouvelle chaque jour, en en faisant généreusement le sacrifice si tel avait été le dessein de Dieu, manifesté par son peuple. Aussitôt tous ceux qui l'entouraient avaient juré de lui rester fidèles, et ce fut là la source de sa victoire.

Plusieurs siècles se succèderont désormais avant de revoir la nation allemande sur notre territoire, mais ce sera pour l'avoir pendant trente ans.

Ils viennent, le front haut et l'esprit prépondérant, ces peuples du centre ; un mélange de pertes et de victoires tient notre patrie comme en suspens... Attendez quelques jours encore ! Voici venir un instrument de Dieu, qui apparaît comme un point lumineux dans un ciel sombre : Condé remporte successivement les victoires de Rocroy, de Fribourg, de Nordlingen et de Lens, et le traité de Munster met fin à tant d'inquiétudes. Qui donc nous a valu cet avantage ? La valeur des généraux ? Elle peut y être pour quelque chose. Mais vous rappelez-vous la piété de Louis XIII, consacrant tout son royaume à la Reine du ciel ? Vous souvenez-vous de la dévotion d'Anne d'Autriche, venant suivre la procession du Très-Saint-Sacrement, en réparation des outrages et des profanations dont des voleurs s'étaient faits les ministres, à la paroisse Saint-Sulpice ? Avez-vous lu l'histoire de la duchesse d'Aiguillon qui, ne pouvant assez satisfaire son amour pour la prière, au milieu des plaisirs de la cour, avait emprunté les clés de Saint-Sulpice, et venait, par un souterrain inconnu, du Luxembourg au pied de l'autel ? Que faites-vous là, à cette heure si avancée de la nuit ? lui demande-t-on. Je n'ai pu méditer ce matin, ni tout le jour, répond-elle, mais jetant loin de moi les habits de la vanité, j'ai revêtu ceux-ci, afin de veiller avec mon Dieu.

Le jour où la Prusse doit être fondée arrive pourtant à pas lents ! Il vient ce moment où nos forces seront à bout et nos armées vaincues ! La prière ne s'élève donc plus de la terre, et l'encensoir du cœur de l'homme est-il donc éteint ? Hélas ! la cour dépravée de Louis XV a succédé à la piété de nos rois ; les intrigues ont été les motifs qui ont fait agir la France, et elle est récompensée comme elle le mérite, par le traité forcé de Paris (1763), par l'anéantissement de notre marine et l'abandon à l'Angleterre du Sénégal et du Canada.

Il nous semble voir ici les révolutionnaires de 1793 relever impérieusement la tête, et demander pourquoi la République qui avait guillotiné Louis XVI, mis à mort les nobles et les prêtres, a triomphé de l'Europe entière liguée contre la France, et repousser bien loin : Prussiens, Allemands, Bavarois, etc. Pour réponse à une telle question nous prierons les hommes qui ont encore le cœur droit de fermer un moment les yeux sur la fange du règne de la terreur, et de porter un regard attentif sur les souffrances et les afflictions de tous genres, supportées avec une patience héroïque dans le silence des souterrains et des cachots! Que d'âmes angéliques ont fait violence au ciel par leurs prières et leurs douleurs, et n'ont quitté ce monde que pour aller prier dans les régions de la miséricorde pour cette malheureuse France, en agonie au point de vue moral et religieux !

Et l'Empire? Au moins accorderez-vous à cet homme, diront les incrédules, d'avoir réussi dans toutes ses entreprises malgré son arrogance et ses fautes? Il jouit, en effet, pendant dix ans des fruits de son orgueil unique; semblable au membre de l'ancien collége des Féciaux, « l'ambition ne » permettait pas à la justice de régner dans » ses conseils » (1). Mais si la justice du Très-Haut paraît quelquefois endormie, prenez garde qu'elle ne se réveille plus effrayante que jamais, et qu'après les campagnes d'Austerlitz, d'Iéna, de Wagram, celles de Russie, de Leipzig, la funeste journée de Waterloo, et l'histoire de Sainte-Hélène, ne viennent vous rappeler qu'il faut

1. Bossuet.

croire les premières vérités contenues dans votre catéchisme.

Et de nos jours que dire ?..... ah ! le cœur français bat d'émotion et de douleur quand il se rappelle qu'il a été assez faible pour accepter pendant vingt ans, un pouvoir tyrannique qui devait le conduire à sa perte !... Le luxe, les plaisirs, les folies du monde avaient leur cours sous le second empire ! les intrigues réussissaient ! les membres d'un gouvernement qui vivait au jour le jour ne craignaient pas d'affirmer le lendemain ce qu'ils avaient désavoué la veille !..... Mais..... Ce mot en dit assez....... Mettez d'un côté la prospérité de l'empire malgré l'inutilité de Sébastopol, l'erreur grossière du Mexique, l'ambition de Solférino, la pusillanimité de Rome, et de l'autre posez sans effroi, si vous le pouvez, Wissembourg, Reischshoffen et Sedan.

Et maintenant considérant les esprits de partis politiques, nous les confondrons par leurs propres paroles : Les plus zélés défenseurs de la liberté n'ont-ils pas dit : La justice de Dieu est longue à venir, mais elle viendra. Donc, la justice de Dieu, l'esprit de prière, conduisent le succès des armes, et les plus incrédules y croient puisqu'ils en parlent.

2° Nous devons prouver par la foi que Dieu est le maître des destinées des nations, et qu'il conduit le succès des armes.

Jésus-Christ, le principe de notre foi, n'a-t-il pas dit que pas un cheveu de notre tête ne tombait sans son ordre, ou sans sa permission, c'est-à-dire, disent les Pères, que la moindre des choses n'arrive en ce monde que parce qu'il le veut. Or, devant une pareille assertion qui donc osera répliquer ?

De plus, la foi ne nous enseigne-t-elle pas que Dieu est le Créateur et le souverain Moteur de toutes choses ; que le temps pour lui est une bagatelle, puisqu'il se réserve l'éternité ? Que lorsqu'il veut qu'une chose arrive, elle a lieu quand même, en dépit de ceux qui s'opposent à sa loi ?

Que d'événements mystérieux ont passé sous nos yeux, sans que notre intelligence, que nous disions pourtant être si pénétrante, ait pu en découvrir la source ou en préciser le but !

La foi vous dit que Dieu est votre Père. Or, un père a-t-il jamais abandonné ses enfants ? Et « lors même que, non-seulement votre père, mais votre mère viendrait à vous oublier, pour moi je ne vous oublierai jamais (1), dit le Seigneur. Voyez les oiseaux du ciel, dit-il encore, ils ne sèment point, ils ne moissonnent point, ils n'amassent rien dans les greniers, et votre Père céleste les nourrit (2). Considérez les lis des champs, ils ne filent point, ils ne font aucun travail, et cependant je vous déclare que Salomon, dans toute sa gloire, n'a jamais été vêtu comme l'un d'eux. Si donc votre Père céleste prend ainsi soin d'une herbe qui est aujourd'hui, et qui, demain, sera jetée au feu, à plus forte raison, aura-t-il soin de vous, ô hommes de peu de foi (3)!

La foi nous enseigne et nous prouve par l'expérience que « ceux qui s'élèvent seront » abaissés, et que ceux qui s'abaissent se- » ront élevés (4); que le Seigneur exauce » celui qui met en lui sa confiance et » qu'il dissipe ceux qui se sont élevés dans le secret de leur cœur (5), » c'est-à-dire qui se sont fiés à leurs propres forces.

La foi vous fait dire chaque jour avec la

1. Isaïe chap. 49, vers. 15
2. Saint Mathieu chap. 6, vers. 25, 26.
3. Saint Mathieu, chap. 6, vers. 28, 29, 30.
4. Saint Luc, chap. 18, vers. 14.
5. Magnificat.

Vierge Immaculée, que « le Seigneur a rem-
» pli de biens ceux qui n'en avaient point et
» a renvoyé, les mains vides, ceux qui vi-
» vaient dans l'abondance (1), » c'est-à-dire
qu'il a donné du secours à ceux qui n'en atten-
daient que de lui, et qu'il l'a refusé à ceux
qui, dédaignant son amour et sa protection,
avaient le cœur rempli d'eux-mêmes.

Cette vertu fondamentale nous met encore
devant les yeux ces paroles des psaumes.
» C'est en vain que veille celui qui garde la
» cité, si Dieu ne la garde avec lui. C'est en
» vain qu'il bâtit celui qui élève la maison,
» si Dieu ne travaille avec lui (2). »

Oui c'est en vain.

Avez-vous déjà remarqué cet insecte ingé-
nieux qui bâtit lui-même sa maison, y ha-
bite avec sa famille, et s'y mourrit de son
travail ? Il y vit heureux. Mais un homme
vient-il à passer, il craint, parce qu'il sait
que ce roi de la création, peut enlever tout
ce système naturel, ou même l'écraser s'il le
veut, et que lui ne pourra résister. Eh bien,
de même, les hommes peuvent travailler,
rassembler leurs forces, bâtir des forte-
resses, pour se défendre contre un ennemi,

1. Magnificat.
2 *Nisi Dominus.* v. 1, 2.

si le Seigneur irrité de leurs péchés, veut les écraser, il le peut, car en face de Dieu nous sommes moins qu'un insecte vis-à-vis d'un enfant.

« Si vous aviez de la foi, comme un grain de sénevé, dit Jésus-Christ, ce serait assez pour transporter les montagnes (1), » c'est-à-dire pour faire des choses merveilleuses.

Réveillons-nous donc de notre assoupissement mortel ; ranimons notre foi. Notre secours est dans le nom du Seigneur, et celui qui a mis en lui son espérance n'a jamais été confondu.

Notre cœur est fait pour déverser ses peines dans le cœur du Sauveur, et se tenir attaché à lui comme à un ancre de salut. Espérons donc en lui, croyons qu'il peut ce qu'il veut, et qu'il ne repoussât jamais un cœur contrit et humilié.

C'est là ce que la Patrie attend de nous, c'est là ce qui la sauvera, ce qui l'élèvera aux yeux du monde, plus que la gloire de Louis XIV ou l'ambition de Bonaparte.

Rappelons-nous les dix justes qu'on ne trouva pas dans Sodome ; les Amalécites qui faiblissaient ou qui triomphaient selon

2. Saint Mathieu, chap. 17, vers. 19.

que Moïse restait les bras étendus vers le ciel ou les laissait retomber ; l'ange du Seigneur exterminant l'armée de Sennachérib ; le jeûne de Judith.

Ayons un grand amour et une profonde humilité ; une grande défiance de nous-mêmes et une immense énergie ; une peine indescriptible et une confiance inébranlable. Ce mélange d'abaissement et de gloire sera notre salut. Avec cela on survit aux empires écroulés, on paralyse les efforts des ennemis les plus puissants ; on est riche au milieu de la plus grande pauvreté, calme au milieu des plus grands troubles, résigné en face des plus grandes douleurs, et fort de la force de Dieu même, parce qu'on est tellement uni à lui que rien ne peut vous ébranler ; c'est vraiment alors le règne de Jésus-Christ, « empire qui doit subsister au milieu de la » ruine de tous les autres, et auquel seul l'é- » ternité est promise. (1)»

Voilà ce que tout chrétien doit se rappeler.

Si tous les cœurs honnêtes et droits qui respirent encore fort heureusement au sein de la France, veulent se laisser convaincre de cette doctrine, qui n'est autre que celle qu'ils ont apprise dans leur jeunesse, ah !

1. Bossuet.

la France pourra se relever, elle pourra
prouver que le moment de l'anéantir n'est
pas encore venu ; que, touché de ses larmes
et de ses gémissements, le Fils de Dieu a dit
à ses ennemis, comme autrefois à la multi-
tude entourant la maison de Jaïre : » « Re-
» tirez-vous, cette fille aînée de l'Église, cette
» fille n'est pas morte, elle n'est qu'endor-
» mie (1). » Alors la prenant comme par la
main, il la relèvera aux yeux de l'univers
et, réduite à la petitesse de la pierre qui ren-
versa la statue de Nabuchodonosor, elle de-
viendra une grande montagne qui couvrira
la surface du globe.

Empruntant ici le langage de l'Apôtre,
nous pourrions appliquer au peuple français,
les paroles qui s'échappaient de son cœur au
sujet du peuple juif « que si les prémices
» tirées de ce peuple sont saintes, la masse
» l'est aussi, si la racine est sainte, les ra-
» meaux le sont aussi. Et que si les malheurs
» qui nous frappent ont été cause de tant de
» conversions déjà, quelle grâce ne verrons-
» nous pas reluire quand les Français re-
» tourneront avec plénitude (2) ! »

Oui, elle sera grande parmi les nations,

1. Saint Matthieu, chap. 9, vers. 24.
2. Saint Paul aux Rom. chap. XI, vers. 22 et
uivants.

cette France, elle aura de l'influence sur les autres contrées de la terre par ses lumiè res , sa science, son génie, et surtout par sa foi. Elle sera comme un phare dans l'Eglise, comme une étoile d'Occident : les rois marcheront à sa lumière, les peuples à l'éclat de sa puissance, et son règne ne finira dans le temps que pour être glorifié dans l'éternité.

Pari. — Imp. A.-E. Rochette. 90, B^d Montparnasse.